AF417646

9 789778 983173

أمل أحمد عوض الكريم ـــــ

# إليك وحدك سيدي

نبض القمة للترجمة
جمهورية مصر العربية ـ القاهرة
مدير الدار: أ/ وليد عاطف حسني
موبايل: **01116058384**
الميل: nabdalqima@gmail.com

# إليك وحدك سيدي

أمل أحمد عوض الكريم

# الإهداء

إلى ذلك السيد الذي أجبرني على الكتابة له وعنه، إلى الذي يسكن متوسد زوايا القلب والروح

إلى أسرتيّ الكبيرة والصغيرة

إلى أسرة منصة مبدعون

كل الحب

# نبذة عن الكاتب

أمل أحمد عوض الكريم

سودانية الجنسية

من مواليد مدينة الخرطوم

درست جامعة الزعيم الأزهري

كلية الزراعة قسم تكنولوجيا الأغذية

كاتبة لها العديد من القصائد والنصوص الأدبية

واعلم يا سيدي أنّ كل كتاباتي لك وحدك، وأنّ كل أحرفي وليدة عشقك، وأني لولاك ما غرقت في بحر الحب، فأنت سيدٌ ولك من اسمك كل النصيب

# تمني

سيدي:

ولكم تمنيتك أن تكون حقيقة، وكم تهفو إليك

نفسي فيوجعها البعاد، وكم تناديك روحي، فلا أنت

تجيب ولا الصدى.

آه منك طيفاً لا يحن ولا يزور

وآه منك عشقاً توغل في حنايا الروح

والقلب الموجوع

كم تمنيتك أن تحس آلامي وأوجاعي، وأن ترأف

بروحي.

كم تمنيتك أمنية قابلة للتحقق، فلا الحلم بك

يطول ولا الوجود بك يجود.

وآه ما زلت أنت بكل جبروتك تقسو علي، وما زال

قلبي بكل جبروته أسيرًا لديك.

أواهٍ على روحي المسلوبة على يديك

أواهٍ على صوتي المبحوح من وجع البكاء

وآهٍ على زمن يمضي ولا أراك، وعينًا تنام وتصحو

تشتهي لقائك .

يا روحاً سكنت روحي، ويا أملاً يداعب أوتار الحزن
في داخلي، أستحلفك بكل ما هو مقدس، ارحم
ضعفي يا كلّي وبعضي، وتمهل في الوداع.
تقتلني ببرودك، فإذا أردت قتلي فأحسن القتل
وإذا أردت لي الحياة، فإني بين يديك كما تشاء

# اجتياح

سيدي:

من تظن نفسك لتجتاحني؟

وكيف تسمح لنفسك بهدم حصوني؟

من أنت؟

ومن أي عالم أتيت؟

لتسحرني بكلمة، بنظرة، بلمسة

لتهدم دفاعاتي، وتستوطن عيوني، وتستبيح حرم

روحي

ومن أنا؟

من تلك التي أصبحت عليها؟!

أين ذهبت تلك المتمردة العنيدة؟

كيف لي أن أذوب بلمسة؟  مثل قطعة ثلج في

الشمس.

كيف لي أن انتشي بنظرة؟

وروحي تحلق في سماء السعادة

أين يذهب غضبي منك؟ وغضبي من نفسي؟

وغضبي من أجل نفسي؟

أين ذهب؟

سماع صوتك يزيل كل الحواجز، روحي وقلبي

يتمردان علي، يقفان في صفك.

سيدي:

بماذا رشوتهما؟

ولماذا مني سرقتهما؟

وكيف أعيش وهما داخلي، ولكن ينتميان إليك بكل
ما فيهما من سلطة؟ يضربان بقراراتي عرض
الحائط

من أنت أيها السيد الذى لا أستطيع الابتعاد عنه؟

كأني مقيدة بسلاسل الشوق والعشق

أهيئ نفسي لصدك وأقول لك لا، لن تملكني بعد
اليوم، فيخذلني لساني بقول نعم، افعل بي ما تشاء
رغم كل ما تفعل أنا لك وبك، أعترف بضعفي
وعشقي، وليس بيدي التوقف عن هواك، فافعل بي
ما تشاء.

# روحٌ مغادرة

سيدي:

ضوء مظلم، ماء عذبٌ لا يروي العطش، طريق ممهد يصعب السير فيه، احتفالات ليست للفرح، قلب يدق لكنه ميت، روحٌ غادرت جسدها طوعًا، هذه أنا، هذه حياتي تشبه الأموات، ويُغتال فيها كل شيء حي، عالمي ميت، آثم إن فكر في الحياة، ومذنبٌ إن حاول الفرار من حرّ الشمس للظل، الكل هنا أشلائي، أنا هم، وهم جزءٌ مني، يتباكون في أحضاني، يحاولون عبثًا لمّ شملنا، وشملنا تبعثر، طُويت تلك الأرض التي كانت تجمعنا، أصبحت أعيش في بقعة من الجحيم، أتلذذ فيها بطعم الجمر في فمي، وحريقه في صدري، وصوته تحت أقدامي، وأثره على جلدي، يتوه من يتخذني دليلاً، وأنا دليلي غائب، أنا من عمق الألم ولدت، وإلى الألم انتمي، نفتني السعادة خارج حدودها فمشردةٌ روحي، من كل حزن جئت ومني الفرح يهرب، أنا ظلام النور في عالمي، وأنا العطش لكل مرتوي، أبعد ما أكون عن الراحة فلا راحة في عالمي دونك سيدي.

ضدان اجتمعا في قلبي، يتجاذبني كل في اتجاه، فانشطرت روحي، وهي تئن وتصرخ بلا صوتٍ، صداها يتخلل الأرواح المعذبة، تلك التائهة في مدارات اللا عودة، منكسرة الخاطر مجروحة القلب، تنزف لتسقي جذور الآمها فيشتد عود أوجاعها، أزهارٌ بلون الدم، وثمار بطعم الحنظل، وظل به ما به من السموم؛ هذه أنا دونك سيدي.

# هدى وضلال

سيدي:

إني بك أهتدي، لولاك يغشاني الضلال .

يا هاديًا للروح يا مُحيِي مهجتي، يا طريق النور في قلب الظلام .

إني بك أعتدل، وبك أستقيم، تسكن روحي وترتاح .

تتشكل كل الأماني بك، فاللهم قدرًا يشبهك، أيها المتفرد بين الجميع، من قال إنك مثلهم؟ أنت في الأماني أعظمها وفي الأقدار أجملها، أنت من عيني وروحي أغلى.

إني بك أتألم وبك أسعد، أدخل عالم الأفراح معك، من غيرك يسْكُنُني الأنين.

قلبي راضٍ دومًا أن يمنحك كل ما به من الحب، فكل الحب لك، عطاءٌ لا أنتظر بعده مقابل، فقط النظر إليك يسعدني، وسماع صوتك يجعلني أرقص طربًا.

أنا أحبك؛ لدرجة أنني أقبل بالموت إن أتاني منك، وأستلذُ بطعم السمّ إن كان من يديك.

ما أهمية الحياة إن كنت أعيشها بعيدًا عنك، وما فائدة العمر إن لم أهِبهُ لك؟

سيأتي يومٌ أُغادر فيه دنياك بلا طوعٍ مني، مغادرةً أبدية، لا أعلم إن كنت تفتقدني حينها، وتفتقد حروفي، أم سيطويني النسيان .

جُلّ ما أتمناه أن أملك حيزًا ولو صغيرًا داخل روحك؛ أعيش فيه.

# نداءات

سيدي:

أحتاج حضنك هل تصدق؟

هل في هذا العالم حبٌّ مثل حبي لك؟

وأيُّ حب هذا الذي ينبع من روحي ولا يتوجه إليك؟ كم تمنيت أن يكون احساسك بي مثل ذلك الاحساس الذي يفجر داخلي براكين اللهفة للقياك .

أتوه، وفي ذلك البحر العميق في عينيك أغرق ولا أشتهي سطح الخروج .

صِرتُ أخاف، وأنا كل الخوف عندي بُعدك؟

أنت كل ما أملك من حُلُو هذه الحياة،  ماذا يوجد داخلك؟ وكيف أستفهم عن ما يدور في دواخلك وأجِدُه في ذهني وداخلي أنا .

يا توأم روحي ومُكمل نقصي وتُمامة أشيائي الناقصة؟

ما أنت إلا  ذلك المهرب من واقع مرير، ما أنت إلا ذلك الخيال الذي لا حدود فيه، لا عيب ولا حرامٌ، أنت كل المباح، وأهلا بك روحًا نقية تضيء لي في وسط ذلك السواد الذي يحيطني

البعد لا يفصلني عنك، انفصال الروح عن الروح هو ما يهم العاشق، الأجساد ليست إلا حلقة تواصل ملموسة

ما هو حقيقة الاحساس بك؟

أقصد ذلك الشعور الذي يجعلني لا أفهم شيء؟

أنا فقط أعشق الإحساس بالحب معك.

الحب نفسه هو من أوقعني ورماني في بئرٍ عذبة المياه ولكني فيها أموت عطشاً

أنا ميتةٌ في تلك الحياة التي لا أعيشها معك في عالمٍ غير عالمنا، وربما غير موجودٍ من الأساس

كيف آخذك وأنت كله؟

أنت ذلك السؤال الذي لا إجابة له ورغم ذلك يظل أجمل ما كان مخفياً

أنت عالمٌ لو لم أسكنه لبقيت مشردة

أحاول أن أُقنع نفسي بأن لنا لقاءً في تلك الواحة حيث لا غيرك ولا غيري نمارس ما تهوى روحنا

هل تعلم أن غموض حالنا أحلى ما فينا؟

يا روعة السِحر والسِحر غموض

ويا جميل عطائه حين رزقني بك

فلتكن نار شوقك برداً وسلاماً على قلبي

أخاف أن أزيد فيك عشقاً، ولا يوجد أحلى مما أخاف

أخاف النداءات

فهي نداءات الروح للروح، وصرخات الجسد للجسد هي ليست مزحة فللجسد لغة، وللروح لغة، ولكن تظل مبهمةٌ لمن لا يتكلمها.

أنا بك كما الأميرة النائمة وداخلها بركان يُتنبأ بثورته متى ما داعب فوهته النسيم؛ أنت النسيم.

الشرح يقتل الإحساس وأنت سيده، ولا أنتظر منك تفسيرًا لما أمرّ به، فهناك أشياء تُحسّ فقط ولا تُفسّر، تتوه مني الحروف فلا تتشكل الإجابات، وأنا أسقط فيك فأرتفع للأعلى .

الرغبة فيك والخوف منك لا يفترقان، وكم تجمّل بك ذلك القناع ولكنّ ما خلفه أجمل، العدم هو حياة دون عينيك، أُريدك بكل حالاتك؛ فكلها جميلة وأحبها مهما قست.

وسأكون ظل تلك الابتسامة التي تتراقص كالفراشة على شفتيك .


ما زلت أسأل نفسي ماذا حدث لأعشقك؟ فقط نظرت في عينيك الساحرتين.

أراك في كل شيء، وصورة ملامحك محفورة داخلي، بقلبي قبل هاتفي، أنت لعيني النظر والكحل، أنت للعين سوادها، أنت سيدي .

# قمري

سيدي:

قمرٌ يتدلى في سماء كوني، وحدي أراه، يضيئ عتمة الدجى بلا خوف، يغلفني بهالة ضيائه ثم يبعثرني لآلئ تنتشر في زرقة السماء، أُسامر العاشقين، وأُطبطب كتف المجروحين، أبثُّ الدفء لمن يعانون البرد، وأتلون لتلك العاشقة التي تتلهف للقاء حبيب، أسمع الأسرار ثم أنساها، كي لا ينشرها أولئك الذين يسترقون السمع، أُغني معهم في الأعياد متناسية عمق حزني، أُشاركهم دموع الفرح ودمعي أنا نابعٌ من جرح خفي، من سيدٍ عشق إيلامي وذبح روحي في محراب عينيه، أهمسُ للأمهات اللاتي غاب فلذات أكبادهن أن اطمئنوا؛ إنهم بخير؛ يقرؤنكن السلام والأشواق، السماء مظلمة بلا قمر، وأنا كذلك بلا قمري يخبو توهجي، وتنكمش الأحاسيس داخلي؛ تُختزل كلها في حاسة الشوق، يتوه قلبي بين مدار الكواكب بحثاً عن قمري إذا غاب، وروحي تلتاع بحثاً عن روحاً سكنتها، فكيف الصبر على جمر الأشواق الحراق، ألوذ بالشوق من الشوق كمن يستجير بالنار من حرّ الشمس، مبعثرةٌ أنا في بحر السماء، أطفو أحيانًا على سطحها وأحيانًا أُفضل عمق الأشياء، ليس كل ما نراه يتوهج سعيدًا، فأحيانًا هذا التوهج يعقبه انفجار، يحول الروح إلى أشلاء.

# متنزه التائهين

سيدي:

في ذلك الظلام السرمدي، بين بقايا النجوم وأطلالها، متنزةٌ للتائهين، والهائمين، ومنكسِري الخواطر، يبكون فيه ما ألمّ بهم من الوجع، من جراحات الأحبة، علّهم يجدون بعضًا من راحةٍ أو مساحات من الخصوصية لممارسة النواح، لا تستغرب معرفتي بالمكان وتفاصيله، فأنا من الزائرين الدائمين هنا، بل أكاد أن أكون أكثر المقيمين سُكنى، إذا كنت تذكر دائمًا ما كنت أطلب منك أن ترسل لي صورك، كم كنت أتمنى أن تزورني في بيتي هنا حيث أقيم، عندما أتعب من ذلك العالم القاسي، لترى أن كل ديكور بيتي مكون من تلك الصور، ولكني لا أجرؤ على تقديم دعوة الزيارة لك، فالمكان هنا قاسي مظلم لا يليق بك، فلا أهلًا ولا سهلًا بك في دنيا عذابي، إني أحبك جدًا جدًا، ذلك الحب يُخرج من قلبي شعاعًا؛ ليضيء لي ظلمة المكان ويرسم لي أحيانًا طريق العودة، حبك كجمرةٍ متقدةٍ تحرق ما تبقى لي من الأمل فيك، وشوقك جلادٌ لا يرحم يضرب جسدي بسوطه في كل سانحةٍ يجدها دون رأفةٍ بي، في كثيرٍ من الأحيان عندما أخاف أجد لساني يتمتم باسمك، تتبعه روحي وقلبي بتكرارٍ متناغم، لتعود الطمأنينة إليّ، شيءٌ غريب أن يكون سبب خوفك واطمئنانك واحد، نعم فأنا منذ عرفتك، عرفت معك الخوف، ذلك الخوف من فقدك، فأنا الآن لا أعرف إلى أي عالمٍ أنتمي، الأحياء أم الأموات، فدونك لا أعرف ما يحِلُ بي.

# مقارنة

سيدي :

في ذلك اليوم وأنا في انتظارك، رجعت بذاكرتي إلى الماضي، إلى تلك الفترة التي لم ألتقك فيها، كيف كانت حياتي مملة، جافة، مثل صحراءٍ قاحلة حتى عقاربها استصعبت فيها العيش، لم أكن أعرف ما هو إحساس الحياة إلا بعد ظهورك في حياتي مثل شعاع من النور شقّ قلب الظلام فأنار الكون داخلي، وحذف بممحاةٍ من الفرح كل البؤس الذي يملئني لقد كنت أنت كمن زرع بذور الحب في أرضٍ جرداء، ورغم ذلك أنبتت وصارت حقولٌ من الرياحين وبساتين من العنب اللذيذ المُسكِر، امتلأت رياضي بالعصافير والفراشات الملونة، وقبلُ ما كان هنا إلا الرياح تعبث بتلال الرمال، في تلك اللحظة التي رأيتك فيها دق داخلي ناقوس الخطر، نعم ناقوس الخطر، فمثلك خطرٌ على مثلي، أنا ضعيفة القلب والروح لا احتمل ثقل الغرام، وشخصٌ مثلك جديرٌ بكل مساحات الغرام في الدنيا فكيف لي أن أحبك حباً يليق بك وأنا ذات القلب الصغير الضعيف؟!

كيف لي أن أعيش بدونك بعد أن ذقت على يديك طعم الحياة؟ هنا يكمن الخطر، دون عينيك أكون مثل كوبٍ من القهوةِ أصبح باردًا طعمه غير مستساق، أيها الرجل المعجزة، يا من وحدك تملك السلطة على دقات القلب وزفرات النفس الحارة، عندما أراك أكون مثل الفراشة، وأنت كاللهب أدور حولك، حتى لو كان مصيري الاحتراق، فالموت بين يديك وفي حضن عينيك حياة .

الآن أنا بك نيلٌ عذبٌ يروي العشاق، وواحةٌ لتظل المسافرين في درب الهوى، وغزالةٌ عينيها جميلتين ترتع في مساحات التلاقي، بين عينيك وحضنك الدافئ.

# احتواء

سيدي:

ليتك تعلم أن الزمن في بعدك يتوقف فأُصبح مثل التمثال الجامد، تنكسر الساعات وتموت الدقائق، حتى الثواني تنتحر في بعدك وأضيع أنا، رغم تجمد أعضائي، يذوب قلبي وسط جليدي، إذ أنه يحتوي دفئاً عميقاً يسمى حب، عشق، هيام، لا أدري ما المسمى الحقيقي له، المثبت أنه يحتويه بدون تفسير .

سيدي:

حين يضمني خيالك، يُطوى البُعد في غيمةٍ من غيمات السعادة، إحساس بالخدر يسري في أوصالي، مع قشعريرة حب دافئة .

أهواك ويكسر ظهري بعدك، يشقُ قلبي إلى نصفين، نصف لك والنصف الثاني لك، يملأ الروح أملاً، ويئساً، حياةً، وموتاً .

سيدي:

بعدك يبعدني عن نفسي وروحي، يختزل كل المشاعر داخلي في كلمة شوق عميقة .

يقترب موعد لقائك، لا أدري إن كان هناك متسعٌ من العمر لانتظار عودتك، فالروح في غيابك تقلصت وبدأت بالتلاشي، لا أدري إن كنّا سنلتقي، ولكن متأكدة من احتوائي لك بكل كياني، سواءٌ كنتُ في عدّاد الموتى أو الأحياء.

# لغة جسد

سيدي:

وكأني من شوقي إليك ألمسك، أستنشق رائحتك، أضمك إليَّ ضمة لا أريد بعدها حياة، وأيّ حياة تلك بعدك تسمى حياة؟

أنت الروح، النفس، أنت عالم من السحر لا يضاهيه سحراً، فيه كل شيء مباح؛ نظرتك، لمستك، قبلتك، دفء أحضانك، نظرتك تلك التي تتوه فيها روحي وأفقد ذاتي، لمستك تشعل النار في كامل جسدي؛ فيصرخ طالبًا لما يعانيه منك، متعةٌ ليست جسدية فحسب، إنما تعجن الروح بالجسد، فيصرخ مطالبًا المزيد من ممارسة الحب معك، رعشةٌ تسري مع لمستك كأنها تيارٌ كهربائي، فتحيلني إلى أنثى، قبلتك تروي ظمأ سنيني، وتذيدني ظمأ لا أرتوى منك أبدًا، حضنك أصبح لي ملاذًا من عذاب نشوة الحب الملتهبة .

حين أتذكرك، يخفق قلبي، وأتذكر فقط أني أنثى، وأنت الرجل الوحيد في كامل الكون، وأيّ رجولةٍ غيرك؟ وأيّ عشق غيرك؟ وأيّ إثارة تلك التي مصدرها غير عينيك؟ أناديك بكل لغات الجسد، علّك تلبي النداء.

# اصطدام وشوق

سيدي:

وجلست أخيرًا بجانبك، يملئني الشوق والحنين، ضممتني ضمة خفيفة، لكنها مؤثرة في أحاسيسي، فأنا بنظرةٍ أتوه، فما بالك بلمسة؟

قربك يعني لي نعيم الجنة، رغم حرارة ما أحس به داخلي.

قطعة حلوى طعمها ليس كأي طعم، ممزوج بريقك العذب، وضعتها في فمي فنزلت حلاوتها في قلبي.

ما زلت جانبك يا سيدي، أتبادل معك أطراف الأحاديث، عتاب عاشقةٍ لمعشوقها، ونظري معلق بعينيك الساحرتين، كم أحبهما، وأتمنى أن تُدسني فيهما من كل البشر.

أنت عذب كسلسبيل، دافئ كرمال الشاطئ في الصيف، كقطعة من الجنة رزقني بها الله في الدنيا، ما أكرمك يا ربي .

ما زلت بجانبك يا سيدي، أحاول أن أكون على سطح الأرض، فأنا معك في عالم السحر، أرجوك أن تمدد إقامتي فيه، ولكن لا....

للقدر رأي آخر؛ حادث اصطدام بسيارتك، و اصطدام داخل نفسي بين عالمين، أحببت الانتماء لأحدهم فقط، ولكن ينازعني الطرف الثاني .

حادث أوقف لحظة التأمل فيك والاستمتاع بدفء وجودك قربي، لحظات قلّ ما أجدها معك أو يجود بها الزمن .

حادثٌ أراد الطرف المتسبب فيه فقط تقبيل سيارتك، فلها جاذبية مثلما لك، تفقد العقل مثلك، فله العذر إن علمت غايته الحقيقية، هنا

تنتهي لحظة سعادتي، الفترة قصيرة لعيشها، ولكنه أمرك يا سيدي، فأنت السيد وأنا عليّ الطاعة، ذهبت مرغمة في طريق لا يرافقني فيه غير طيفك، رغم أنك حتى هذه اللحظة لم تهديني قبلة تبلل ريقي، تهت في كل الطرق، عطشى علّني ألقاك، وما زلت تائهة في سبيل الوصول إليك.

# رجلٌ مثالي

سيدي:

أنت حقًّا لست شخصًا عاديًّا، أنت مثالي في كل شيء، حتى في قسوتك، استجدي رضاك، استجدي حبك، استجدي عطفك، بل حتى استجدي رسالة أو كلمة منك .

قلبي بكل قوته وقع في شباكك، روحي تعلقت بك، فأنت غير اعتيادي، وعشقي لك غير اعتيادي .

أهواك بكل ما في العالم من مساحات الهوى .

يا سيدي:

إني أدرك تمامًا، أن سيدًا مثلك تعشقه كل النساء، وأُدرك تمام الإدراك أن الحق معهنّ، لكني أُقسم بأني أشدهنّ حبًا وعشقًا وولهًا.

أنا وحدي التي يقتلني شوقك آلاف المرات، وتحييني فقط نظرة من عينيك، ضمة إلى صدرك، قبلة من شفاهك تعيد لي الحياة، نبضي ينبض بك، نفسي يخرج ويدخل بك، دمي في عروقي يجري بك، أنا باختصار يا سيدي بك أحيا.

# حيرة

سيدي:

إني معذبة تتقاذفني أمواج الحيرة، من أنا بالنسبة لك؟

أنا أهواك، فهل أنت تهواني؟

إني أعشقك، فهل تدري حجم بركاني؟

إني أهيم في حبك بلا قدرة على التوقف .

أنا لا أكون إلا بك

ولن أكون إلا لك

قلبي يحدثني كل يوم:

(ستقتليني بالمشاعر هذه، ذات يوم سيتوقف نبضي)

ليته يعرف أن الأمر ليس بيدي، ليته يعرف أني ما اخترت العذاب، ليته يدري حجم معاناتي بك، ومعك، ومن دونك سيدي إني أموت في بعدك، إني أكاد أموت إن فكرت، أنك تفكر في أنثى أخرى غيري .

باختصار، إني أغار عليك يا سيدي، أغار والغيرة قاتلةٌ، الآمها هائلة، فطمئنني، أو على الأقل أُقتلني، فالموت في حالتي راحة، والعيش دونك هو الشقاء.

# كيف حال عينيك؟

سيدي:

كيف حال عينيك؟ أما زالتا يجتمع فيهما الليل والقمر؟

أما زالتا لي بئر زمزمٍ أم تعكر ماؤهما؟

أيها القادم من خلف الغيوم، من عالمٍ بنفسجي تكثر فيه الأحلام، وتتحول إلى واقع، ليتك تغدو حقيقة، وليتك تكشف عن مكنونات نفسك، لم تُجب عن سؤالي حتى الآن، كيف حال عينيك؟

أما زالتا رموشهما تذبحني؟ أما زالتا تذيبانني كلوح ثلج في الشمس؟

أما زالتا لهما القدرة لتحييني وتقتلني؟

أما زالتا لي بيتٌ وملجأ من طوفان الآلام؟

يا مدهش فوق حدود الدهشة، اشتقت لك وافتقدتك، حالي دونك لا يسُر، وأنا روحي لا تهدأ إن لم تكن بجوارك، فاقترب، ودعني أنظر في عينيك وأغرق فيهما، دعني أشتمُّ رائحة الجنة فيك، وأتنفسك، دعني أذوب فيك وانصهر، لأكن جزءًا منك لا يتجزأ، البعد عنك لا يخطر ببالي أبدًا، أحبك ببساطة كل الحروف، وبكل ما للكلمة من عمقٍ ومعنى، مرة أخرى؛ كيف حال عينيك الحبيبتين؟

# إختيار

سيدي:

حينما تختار البعد عني بملء إرادتك، اعلم أنك تذبحني بسكين ليست حادةً كفاية، لتخفف ألم الذبح وتُسرِع بموتي.

حينما قابلتك أول مرةٍ كنت جميلًا مثل تباشير الخريف، كان قربي منك يمنحني الأمان رغم الخوف منك، وكنت لي بدرًا ينير عتمة الليل، تشرق شمسي من ابتسامتك، تنبع من عينيك أنهار خمرٍ تُسكر أشدّ العقول قوة، كنت لي حياة، وأصبحت كل ما أتمنى، سحرتني من أول لحظة رأيتك فيها، أراك دومًا مغلفًا بكل ما هو ساحر، لا ترى عيني فيك عيبًا، كل ما فيك محاسنٌ، لم أكن أعلم أن أعظم ابتلاء من الله لي، هو الصبر على بعدك، وهاجس فقدك الذي أحال حياتي إلى جحيم، أكتوي بنار الغيرة عليك، والخوف منك، إحساس لا يوصف، وأنا أرى أني أخر اهتماماتك، بحق عشقي لك، أطالبك بتفاصيل حياتك، منذ اللحظة التي تفتح فيها عينيك إلى أن تنام، أما يكفي أني لست بحاضرة قربك؟ ولا أستطيع تأملك وأنت نائم مثل الملاك؟ أما يكفيني ألمًا أني لست أول من يراك وأنت تفتح عينيك فتشرق أيامي بهما؟ أما تكفيك أوجاعي وأنا أستيقظ في الليل خوفًا من كابوس أزعجني، ولا أجدك قربي لأختبئ في حضنك فأشعر بالأمان؟ أما يكفيك ألمي أني لن أكون في يومٍ أمًّ لطفلٍ منك له كل صفاتك؟ أما يكفيك أني لستُ هي؟!

# على الرصيف

سيّدي:

على أرصفة الطرقات، ودهاليز الأفراح الغائبة، على مساحاتٍ من الآمال الموؤدة، تتراكم الأوجاع لترقص رقصة الموت على ما تبقى من جسدي، دقاتُ نحاس تُسمع من على البعد، تعمل على إشعال الحماس في روحي الميتة؛ لتحارب باستماته ذلك الشعور بالموت؛ لتخرج خطواتي من بين القبور التي تضم أشلائي، كأنها أشباحٌ معلقةٌ بين عالم الموت والحياة، نقطة قد لا يكون بعدها رجوع، وقد أكون وصلتها بغير إرادةٍ مني، كيف الخروج من دائرة الضُعف وروحي يتنازعها الضياع، والرغبة في التوهان بين الدروب التي تؤدي إليك، ما زلت أنت يا سيدي نقطة الضوء الوحيدة، في ظلامٍ يغطي روحي ويعمي بصري، ثمّة ما يجذبني إليك، ويقيد خطواتي في دروب لا تؤدي إلا إليك.

على تلك الأرصفة تمنت روحي عِناقُك عناقًا يطول بطول عمري، انتظرتُك والموت يعصف بي من كل جانب، وأنا مثل ريشةٍ خفيفةٍ تتلاعب بي العواصف، ما زلت في انتظارك سيدي، وأنا ممتلئة بالأمل، أستقوى بك على ضعفي، وأُواجه بك مصاعب الحياة، أمتلئ بك قوة، وفرحًا، أمنًا، وأمانًا، وسلام، فتعال لتجلس بجانبي على ذلك الرصيف الذي غادر قطاره، ولننتظر معًا قطارًا آخر لا يضم سوانا لرحلة العمر الذي يزدهر بقربك.

# اعترافات

سيدي:

هناك سردٌ كثيرٌ داخلي، أُخبئه لك وحدك دون العالمين، أريد سرده حين أنظر إلى عينيك، كلامٌ يطول عنك، بعضه جهرًا وأكثره همسًا وسرًا.

أما ما كان جهرًا، فلن أتردد في أن يعلم كل العالم أني أعشقك، وأظُنه يعلم، فحبي لك لا يخفى على أشعة الشمس ولا ضوء القمر، لا يخفى على تغريد العصافير ولا جميل الأزهار ولا موج البحر، لا يخفى على تلك النجوم الشاهدة على سهادي، حبك لا أستطيع إخفائه وإن أردتُ، أنا أُحبك وأعشقك.

وأما ما كان سرًا، فهو أني حين أنظر إلى عينيك أذوب، وتُخلقُ داخلي أُنثى تعشق قربك منها، ولمستك لها، تشتهيك وتظل ممنوعًا عليها، تسألك الارتواء من عطش العمر بدون أن تطلبَ، راغبةٌ فيك حدّ العشق أن يذهب بي، وحدّ الشوق أن يُوقِد ناره، جسدي صار مشوهًا من حريق الشوق، امسح بيدك عليه؛ ليعود كما كان، والرغبة فيك كل يومٍ تضع بصمتها عليه، وأغلب ما أحس به تجاهك مرسوم على جسدي، فضمه عليك ليهدأ، حبك أُداريه ممن حولي خوفًا عليه وعليك لا عليّ، وأنا إن خِفتُ فأنت الأمان، سأركض نحوك بلا تردد، وأرتمي في حضنك؛ لأنعم بالسلام.

# توسل

سيدي:

تغرقني الدموع؛ وأنا بين يدي الرحمن، في سجودٍ يطول ويطول، لأملأه بك دعوات، أتوشح طيفك ثوبًا يسترني، وأنا في قمة دعاء العاجز، ولا هم لي إلا أن يستجيب ربي لي دعوات تشكل كل غاياتي، أنت محتواها، أولها وآخرها، أتوسل إلى ربي أن يهديك إليّ، مثلما جعل حبك يكبر داخل روحي، حتى صار أكبر مني، أبحث عنك بين صوت الآذان وإقامة الصلاة، بين الركوع والسجود، بين ترتيل القرآن وسيل الدعوات أبحث عنك، أرجوك رحمة من الله، يا كل مبتغاي، كل توسلاتي من أجلك، أنت لن تعلم مدى حبك داخل روحي، لكن الله يعلم، لذلك أرجو منه اللطف، أنت لقلبي حبيبٌ وإن كنتُ لستُ حبيبتك، ولروحي رفيق ولو كنتُ لست رفيقتك، ما لي فيك نصيبٌ، ولا في غرامك لي ذنبٌ، فلِمَ يكون الألم جزائي؟!

أنت أحلى مما كنتُ أطلب، وأغلى ما أتمنى، وأصعب طريقٍ تسيره خطواتي، ما زلت أتمناك وأزيد فيك الدعاء، من الله لا أطلب غيرك في الدنيا، فاللهم لبى الدعاء.

# عشقك حياة

سيدي:

أنت ساحرٌ لدرجة الخيال، عشقي لك لا يليقُ بغيرك، حنونٌ ممزوجٌ بقسوة مغرورٌ بكبرياء، وفوق كل هذا أعشقك، أتوه في عالمك الغريب عني، كغريبةٍ في غير موطنها، أتأوه من الشوق في سواد الليل، وأتألم من البعد أطراف النهار، وبينهما تبحث عنك روحي تناديك، يا ليتك تلبي النداء، وتداوي جراح الروح، ليتك تهبني واحة ظليلة في صحراء العمر، فأرتاح فيها، ليتك تتركني أتكئ على كتفك، فأنا متعبةٌ من الشوق، وليتك يا صاحبُ الجلالة تسمح لي بالغرق في عينيك؛ فالغرق فيها يحيي موتي، ويضخ الدم في عروقي، كيف لقلبي الصغير أن يحتمل هذا الكم الهائل من المشاعر؟ التي ما مرت علي أحدٍ قبلي، ولن يشعر بها تجاهك أحدٌ بعدي، كل عشق هذا الكون في قلبي لك، فسبحان من جعل عشقك لي حياة.

# متاهات حب

سيدي:

في طريق العمر، وفي دروب الحياة، مواقفُ هزتني وقسّمتني إلى قطع من الألم، معاناةٌ أبديةٌ، نزيفُ جرحٍ حتى اكتفاء الروح من الألم وإن كانت لا تكتفي، تخبطاتٌ في دهاليز ومتاهات ما يسمى بالحب، ولا أدري إن هو حبٌ أم حكمٌ بالعذاب مدى الحياة، البُعدُ مرارٌ، والقربُ مرار، وما بينهما أتجرع كاسات الأنين، من جرح طال ويطول، إنها الحياة يا سيدي، لا شيء فيها عندي سوى ضياع الذات، أيا من تسكنُ مساماتي وروحي وقلبي، أسمح لعقلي بممارسة دوره الطبيعي، ولو لمرة واحدة، أرتح قليلًا أيها القلب، وكفاك ركضًا في دروبٍ ليس لها نهاية، ليتني يا سيدي أتحرر منك وأطير مثل عصفورٍ عانى الحبس في قفصٍ ضيقٍ؛ فكانت لحظة فتح باب القفص عنده بداية حياة أُخرى، لكني وبكل أسفٍ كل الوجود أراه ضيقٌ وحضنك عندي كل البراح، نظرةٌ منك كفيلةٌ أن تعيد ترتيبي، فتصبح فيها أنت الأول عندي والأخير، لمسةٌ منك تشعلني لهيبًا يجمع حوله الفراشات ويحرقها، وبسمتك تبعثر أيامي على عمرك؛ فيصير عمري كله لك.

في بحر عينيك أريد الاغتسال من رهق السهر وبكاء الجروح، أريد الغوص فيه ولا أفكر بالخروج، الموت هو الموت، وأنا أموت بين يديك آلاف المرات، تكبرك على حبي يقتل فيّ رغبة الحياة، ويسلبني حتى الإحساس بالأوجاع، وإهمالك يزرع الموت في

روحي فتكبر شجرته وتمتدُ غصونًا تظللني، فيكون هو مصيري المحتوم معك، ليتنا اجتمعنا على ضفاف العمر ووهبتني الحياة بقبلةٍ تعيد إليّ روحي، ليتني كنت ذاتك، وروحك، وليتني لم أكن إلا ذلك الشعاع الذي يخرج من عينيك فيضيء كل الكون عندي.

# فيض مشاعر

سيدي:

اليوم أقف أمامك، وكلي أملٌ أن تسامحني، على تلك المشاعر الفياضة التي كانت تزعجك دومًا، أقسم بالله لم يكن بيدي شيء غير أن أُحِبك، لم تهن عليّ نفسي يومًا، ولكن حبي لك كان أكبر من أن أضعه في أي كفةٍ للمقارنة حتى مع نفسي، وكنت أظن بأن حبك يزيدني عزةً، ليس ذنبك أن خاب فيك ظني، وليس ذنبك أن جعلتني فريسةً للشوق؛ ذلك الذي يقتلني ألف مرة في اليوم، أنا أعلمُ تمام العلم أنك فرحةٌ كثيرةٌ عليّ، وعليك أنت أن تعلم أن حبك فوق احتمال المعقول، ما أنا إلا بشر أنزل الله حبك في قلبي، فصرتُ بلا حولٍ ولا قوةٍ، لا أملك زمام أمر نفسي، صار أمري كله بيدك، وها أنت تحكم عليّ بالسهر والألم، بالشوق والعذاب، والبعد حتى وأنت قريبٌ مني، أنا لا أحبك؛ أنا أكرهك، أكرهك لأني أتألم من الشوق ولا أجدك قربي، أكرهك لأني صرت أتنفسك، أكرهك لأني أحبك كل يوم أكثر من قبله، أكرهك لأني صرت لا أعرف الكتابة إلا لك، وبك، ومن أجلك، حروفي أسيرتك، فكيف لها التحرر منك؟ أكرهك لأنك أصبحت عالمي واليوم أنا مشردةٌ من غيرك، أكرهك لأني أحبك أكثر من نفسى.


أعتذر منك جدًا وأتمنى أن تقبل اعتذاري، وسامحني على كل لحظةٍ سأشتاق لك فيها، وكل لحظةٍ سيزيدُ فيها حبك داخل قلبي، فأنا لا أستطيع أن أعدك بأن أتخلى عن حبك، فهو ليس اختيار، ولكن سأحاول أن لا يزعجك بعد الآن.

# لا تلومني

سيدي:

في عشقك لا تلومني، ولا يلومنّي فيك أحد، القدر لا يستأذِن حين يُنزِلُ الحب في القلوب، والقلب حين وقع صريعًا في غرامك لم يكن يدري أنك موتٌ له وحياة، لِمَ الشوق يُبكي عينيّ في لحظات ضعفي؟ ولِمَ الليل يستبيح قتل نجماتي البرّاقة وهي تلهو في زرقة السماء؟ لِمَ الغياب يستبيح حضورك داخلي؟ وتدور بينهم تلك الحرب الطاحنة؛ التي يكون فيها قلبي المهزوم الوحيد؟

لا تسألني إذا رأيتني أرسمك على رمل الروح، أو سطح الماء، خطوطًا لا يستطيع فهمها غيري، إنه العشق يا سيدي.

لا تلومني إذا كنت أحتاج حبك وأنتظر منك أن تُعبر لي عنه، فعطشُ روحي لروحك لا يرحم، وجوع جسدي لجسدك لا يشبعه لقاء، أحتاج إليك وأنت تردد على مسامعي كلمات العشق والشوق صباح مساء، ومع ميقات كل صلاة يؤديها قلبي في محرابك، في كل لحظة ينبض فيها قلبي أحتاج منك كلمة أحبك، فالعشق نظرةٌ، فكلمةٌ مطعمةٌ بالأفعال، فما جدوى حبك لي إن لم يتدافع ويتلاعب بي كموج البحر؟ ما فائدته إن لم تستلذ به روحي؟

لا تلومني إن كنت أستجدي منك حبك لأعيش.

# كامل الدّسم

سيدي:

أنت رجلٌ كامل الدّسم، أنيقٌ قويٌ مدهش، شكّلني لك الحب كما أراد، تنطلق في غيابك شرارة الشوق ؛لتحرق روحي بخورًا على جمر الغياب، كلما ابتعدتُ عُدّت إليك كعصفورٍ عاد إلى عُشه بعد طول غياب، محملٌ بأشواقٍ نارها تحرق الأرجاء، دفءٍ لمساتك يحول جسدي لمعدن قابل للذوبان فشكّلني كما تشاء، أنت رجلٌ لا تهدأ روحي، إلا بعد أن تطبق عليها قوانين العشق كاملة، رجلٌ أحببت عينيه ومن سوادهما لونت شعري، وكحلت عيني، بنظرة منك أكن أنثى، وبلمسةٍ منك تتكامل أُنوثتي، يا رجلٌ يتربع على العرش سيدًا، وأبحر في أعماق عينيه بغير نيةٍ في الرجوع، تثيرني تلك الرائحة التي تميزك عن الجميع؛ رائحة الرجولة، تتغلغل في مساماتي تُسكِرني، ولا أُبدلها بأي عطر، كل ما فيك يشتت روحي وينثرها كالرمال في مهب الريح، يا فارسًا كفرسان العصور الوسطى، كم أتمنى أن تحملني على جوادك وتتخطى بي حدود المستحيل.

# حرم عينيك

سيدي:

ضع يدك على قلبي؛ لتهدأ أمواج بحر ظنونه، وليسكنه اليقين، فبكَ تطمئن الروح، واستقبلني بين ذراعيك أمنًا وأمانًا، فأنا أفقد الجاذبية في مدارك وأهوِي بكل ثقلي عليك، تُثقلني الأشواق والمشاعر الفياضة، حبًا بك وعشقًا لك، يقتلني العطش فهاك شفاهي لترويها، يداي ترجف بردًا خارج يديك، فضمهم بكفيك لتدفأ، كل ما بيّ يحتاجك، وكل ما لديّ لا أهمية له من غيرك، وأنا لا وجود لي خارج أحضانك، أنا عاشقةٌ مغرمةٌ أصابني الوله، على كامل الاستعداد للموت في سبيل عشقي، فما الحياة إلا في حرم عينيك، قمري يغيب ويهوى  إذا لم يستمدّ نوره منك، يملأ الظلام الكون بلا شمسك، ويغطي الجليد كل المساحات بلا دفئها، أُحبك فوق الحب حبًا، تحتويك أحاسيسي وحروف كتاباتي؛ لك كامل ولائها.

# ضوضاء البدايات

سيدي:

يظهر الحب والمشاعر الحقيقية بعد أن تزول تلك الضوضاء المبهرجة، التي تعمي العيون وتصمّ الأذان؛ لترى إذا كان القلب ما زال يملك نفس الإحساس تجاه الشخص ونفس الحماس واللهفة، لم تمر عليّ لحظة منذ عرفتك إلا إحساسي تجاهك يكبر لدرجة أنه تملّكني، أغرقني في بحرك حدّ العمق، منذ تلك اللحظة التي سمعت صوتك فيها، صار شفرة لي لدخول عالم السعادة، فصرت أسيرة صوتك وعينيك وتلك الابتسامة الجذابة التي ما زالت تأسرني، بعد أن تمر الفترة الأولى من أي علاقة تظهر حقيقتها، وأنا في كل مرة أراك فيها كأنها المرة الأولى، دائمًا ما يتخلل الملل أي علاقة إلا تلك التي معدنها الحب الفعلي، لهفتي عليك كما هي في البدايات عكسك تمامًا، فقد ظهر الملل عليك وفي تصرفاتك، كلما طالت العلاقة تبدأ العيوب في الظهور فنحن بشر، أُقسم أن كل عيوبك في نظري محاسنٌ، الحب يعيش بثبات المشاعر، وأنا مشاعري في حبك ثابتة ويزيد، فترفق بحالي، ما عاد في الجسد طاقة للبكاء والسهر، ونار الأشواق المحرقة.

# قبلات مسمومة

سيدي:

حضنٌ واحدٌ كفيلٌ بمداواة كثير من جراحات الأيام، لكن من يعيد للدماء نقاءها بعد أن تسممت بالأشواق؟

قبلات مسمومة طُبعت على شفاهي من ثغر الأيام، مؤلم سريان السّم في مجاري الدم، ها هي أوصالي تتخدر، تفقد الإحساس بأي ملمس، خطواتي تعثرت، قاربت للسقوط، أين يدك لأتمسك بها؟ أين كتفك لأستند عليه؟ أين شفاهك لتلثم شفاهي بقبلةٍ تحتوي ترياق السّم الذي لوّث دمائي؟

أنت طبيبي، أنت بلسم كل ما يؤلمني، أنت من يأخذني طيفك لأعلى الغيمات الوردية، فأراقصك رقصات تدُبُ بها الحياة في جسدي، جسدي ثائرٌ ترتفع درجة حرارته كلما اقتربتُ منك، وروحي تثور متمردة على الأشواق تناديك؛ تعال وقبّلني؛ حتى لو كانت قبلاتٍ مسمومة.

# سنابل حب

سيدي:

تتمايل سنابل حبك داخلي، معلنةً السلام لروحي من عناء السفر، بين عوالم لها أول وليس لها أخر، تتمايل مع هبّات النسيم فترقص، ويرقص معها إحساسي وروحي طربًا، فأنداح اشتياقًا لك، تتمنى عيوني لو أنها تتأملك بلا غياب، وتُحصر أبدية الرؤية عليّ وعليك، فلا تغفل عنك عيني، ورموشها تكن لك حراسًا.

بين تلك المساحات من الأشواق وقلة التلاقي وإن كثُر، تتأرجح روحي بين نارٍ لهيبها لا يخمد، وبين جمرٍ مغطى بالرماد، في كل الأحوال أصطلي بنارك، فأين أنا من جنتك؟

إن لم أضمك عليّ لن تهدأ روحي، وإن لم تسِر معي دربي خطوة بخطوة ويدي في يدك، يطول الدرب بي حتى أتوه فيه عن نفسي؛ تلك التي تتبع تمايل السنابل، وتتعثر في رائحة عطرك، فتقتفي أثرك شوقًا وحبًا، ومهما ضاعت خطاي في طريق البحث عنك، أهتدي بتلك الرائحة.

تدلني عليك نجمات كانت شاهدة علينا، تكتم أسرارنا بلا إفصاح.

# قِبلة قلبي

سيدي:

أوَّلًا: الشكر لله عليك.

ثانيًا: أحبك جدًا بقدر ما أفتقدك، أحتاج للاختباء بين يديك حين يحيطني الخوف، والخوف يحيطني دومًا حين تبتعد عني، أحتاج أن أتدثر بعينيك؛ فأنا أحبهما، وأُحس امتزاج سوادهما وبياضهما، كامتزاج روحي مع جسدي، جسدي يرتجف لا أعرف إن كان من الخوف أم موجة بردٍ زارتني في هذا الصيف، المهم إن هذا الجسد يحتاج للطمأنينة؛ فتعال، ستبتسم لي يومًا وتضمني في قلبك، هذا ما أُحدِّث به نفسي وأُصبرها، فلولا الأمل في حبك لي، ما واصل قلبي الخفقان، على أمل ملاقاتك أعيش، ومن زفيرك تمتلئ رئتي بالأكسجين، كل البشر بهم عيوب، عيوبي أنا كثيرة، أكبرها أني لا أكون غيرك، وهذا يجعلني عبئًا عليك، أما عيبك فإنه لا عيب لك، لا أدري أخلقك الله كاملًا بشريًا بصفات الملائكة؟ أم كل عيوبك جميلة في نظري وترقى لمستوى المحاسن؟

أنا أحبك جدًا ولا قِبلة لي ولا ملجأ غيرك حين أخاف وحين أطمئن، حين أفرح وحين أحزن، صار قلمي لا يسيل مداده إلا لك، وحروفي حكرًا عليك، أنا في دوامتك أدور، تجذبني نحو أعماقك، فلتحتويني.

ثالثًا: أنا منك وإليك يا سيدي، أحبك جدًا، فلله الحمد والشكر عليك.

# ذنبي عشقتك

سيدي:

أحببتك حد الاستغناء بك عن الجميع، لا وجود لأحد في وجود ظلك، أنت كل الناس لي، كل الوجود، وقد اكتفيت بك، اتخذتك حبيبًا، أبًا، أمَّا، أخًا، ابنًا ووطنًا، ليتك تُقدر، وليتك تمنح قلبي فرصة الحياة، ما دام الموت لم يأتني بعد، لما تحكم عليّ به بغيابك؟ ستأتي لحظة تلتفت فيها إليّ ولن تجدني، وأنا التي اعتدت الركض وراءك، ستأتي لحظة وتنقطع فيها أنفاسي التي شهيقها من زفيرك يملأ رئتي، ما دامت لي فرصة في الحياة قربك أكرم بها روحي، فهي معلقةٌ بك وبحبك، لا بعدك يريحني، ولا أنت تجود بلقاء، الحب عطاء من الرب ونعمة، فلا تجعله بقسوتك نِقمة، أريدك بكل بساطة أن ترجع مثلما عرفتك أول مرة، ممتلئًا بالحنان، بشوش الوجه، رؤيتك تشرح القلب، ارجع سيدي؛ ذلك الذي عرفته وجعلني أعشقه من نظرة واحدة، وجعل قلبي ينبض بالحياة، عُد لي واسقني عذب الهوى من شفتيك، واحتويني بحنانك الدافئ بين يديك، اجعل ذلك الجليد الذي صنعته بيننا يذوب، فأنا ما فعلت شيء سوى أني أحببتك، ولا ذنب لي إلا العشق والأشواق.

# تسول حب

سيدي:

لما تركتني وحيدة، على قارعة طريق الحب، أتسولك، أتساقى الأحزان، لا غيمةٌ تظلل هجير شمس غيابك، ولا قمرٌ يضيئ ليل فراقك، مجروحةٌ أنا، متعبة الخطوات، ملتهبة الأحاسيس، باكية العينين، ضعيفةٌ من غيرك، روحي ملتاعة، ما العمل وأنا مكتوفة الأيدي؟

أين الطريق وقد ضلّت دونك خطواتي؟

أنسيتني عمدًا أم هي الأقدار؟ ماذا أفعل ولم يعد لي نصيبٌ في رؤيتك؟

قلبي غريقٌ، يطفو جسدي على سطح العذابات بعد أن امتلأ بالمرّ، يطفو وقد أصبح خفيفًا، فقد فارقت روحه إياه، فاهنأ يا حبيبي، لن تزعجك أشواقي إليك مرة أخرى، ولن ينبض قلبي الذي كان بك نابضًا مرة أخرى، اليوم أحررك من كل تلك الوعود التي وعدتني بها ولم توفيها، اليوم أسامحك يا ابن قلبي على بُعدك عني، يكفيني أن ألفظ آخر أنفاسي بين أمواجك، ويتحلل جسدي الذي شوهه العذاب على شاطئك بعد أن لفظتني الأمواج، رافضةً بقائي داخل أعماقك، فعذرًا إذا كانت آمالي فيك أكبر من إدراك عقلي الذي كان يرفض رؤية حقيقة الأشياء، إنما هو العشق أعماني فصار يقودني إليك الجنون.

# ممكن أم لا؟

سيدي:

هل يمكن أن أتمناك كيف تكون؟

وهل تصير فيك الأحلام حقيقة؟

ماذا لو كنت أنت تباشير الصباح؟

ماذا يحدث لو سمعت صوتك في الصباح بدل تغريد العصافير؟

لِمَ لا تأخذ روحي معك وتريحني؟

لِمَ كُتب عليّ هواك، وأنا لا أستطيع إلا أن أتنفسك؟

شيء عادي أن يتوقف الناس عن تناول الطعام، حتى الأنهار يمكن أن توقف جريانها، والأرض يمكن أن تتوقف عن الدوران، من الممكن حين أرمي شيئًا للأعلى، لا يعود باتجاه الجاذبية، كل شيء ممكن يا سيدي الحبيب؛ طالما أنّ غرامك كان شيئًا مستحيلًا... فحدث

عيناي، أنت أجمل منهما، وإني أراك بعين قلبي، وأتفق مع عينيك وإن خالفتا .

أنت تباريحُ تجول في أحشائي، توقف نبضي، توتر أعصابي، يتبخر بغضبك ماء البحر، وتنشق السماءُ فوق رأسي .

يا سيدي:

لو تعرف ما يحدث داخلي حين أراك!

أتبعثر إلى أشلاء لا تجتمع إلا بين يديك، كلمة سرها؛ أحبك.

إني كحبيبةٌ أهواك بقلبي، ومثل حب الأم لأبنائها أهواك بكبدي.

يا دنيتي الساحرة وناري المحرقة، أنا لك فاطمئن، فأنت روحي وذاتي، لن أكون لغيرك أبدًا مهما كان عذابك لي، فقط اهدأ.

# بقايا إنسان

سيدي:

هل يوجد أسوأ من أن تكون بقايا إنسان؟

روحٌ تصل داخلك شفا حفرةٍ من الهلاك، أن يطول ليلك مستيقظًا وحدك بلا كتفٍ تضع همك عليه ولا حضنٌ يسع مخاوفك، أن تشتري النوم بمهدئات لا تأتي بفائدة، فيغلب مصابك الطب والطبيب، أن تحفر الآلام في داخلك خندقًا تدفن فيه أحلامك وسعادتك وأنت تشاهد؛ فتطلب الموت راحةً لكنه يهرب منك ساخرًا، مسببًا لك المزيد من الآلام.

سيدي:

إحساس الخوف من فقدانك رغم قلة اهتمامك، أسوأ من الموت ذاته، تتحول فجأة كل نعمة الحب إلى نقمة، نار تأكلني من الداخل فيخرج دخان حريق روحي عبر المسام، ويعبق في كل الأرجاء.

تتضاءل كل الأحاسيس أمام الموت إلا الإحساس بك سيدي يزداد عظمة، الشوق إليك موت، والغيرة عليك حتى من ذلك النسيم الذي يداعب وجهك موت، فالموت والغيرة وجهان لعملة واحدة، فما بالي، أتيقن بالموت ولو بعد جزع، ولا احتمل نغزه غيرة عليك.

أصعب ما يمكن أن أمرّ به، أن أحتضن نفسي، فأنا من بعدك وحيدة، تتقاذفنِ الأوجاع في متاهات لا نهاية لها، وحدي رغم أنك تملأ دواخلي حبًا، عشقًا، وشوقًا.

# مخاوف

سيدي:

وحيدة، في كونٍ واسع، تركض خلفي الهواجس والمخاوف، تتجمع في شكل وحشٍ كبير يحاول التهامي، وها ذي أركض منها خوف ابتلاعها لي، لكني ثابتة في نفس المكان .

ليتك هنا سيدي، لتبدد هذه الهواجس السوداء، فالخوف من الوحدة يتعاظم، وكأني مغنطيس يجذب الأهوال والصعاب، فتتفق جميعًا عليّ، فيُكتب لي البقاء على قيدك؛ إن كنت قربي، ممسكًا بيدي، وإلا مصيري بين فكيها.

إن جئتني؛ فكأنك ضوء يعمي عيون من تكالبوا علي، يحاولون تقسيمي بينهم، ككعكة عيد الميلاد، وأنا وحدي التي لا نصيب لي في جزءٍ مني .

تعال وأسند ظهري عليك، وضع قدميّ على خطواتك، وشُدّ على يدي، أكد لي أنك معي، فمن كان وحيداً في الدار الدنيا كان مصيره الهلاك .

خوفٌ ممزوجٌ بالضيق، وبعضًا من القلق المشوب برائحة الوحدة، وتلك الهواجس الحمقاء ببعدك عني، كأنهم جميعًا صاروا سمكة ضخمة، تحاول ابتلاعي، في قاع محيط مظلم، وأنا سمكة بلطي صغيرة، لا هذا القاع يشبهني، ولا هذا الظلام يجعلني أطمئن.
ليتك تأتي، فأنت الضياء والأمان.

# لابد من لقاء

سيدي:

في دروب الحياة مطبّات قد تغير اتجاهات حياتنا، لكني أرى رغم كل ما يحدث، خطاي تسير في نفس الطريق، مشمس رغم غيومه، مضيء رغم ظلامه، مفروشٌ بالورد رغمًا عن أشواكه، تملأ رئتي رائحة صباحه المنعش، فلا يجد السموم طريقًا إليّ.

على هذا الطريق، كُتب لي المسير، ولو نزفت أقدامي الدماء، فمكان كل قطرة دم، ستخرج فراشة تحلق حول لهب العشق ولو احترقت.

خطواتي مغلفة بالأشواق، خفيفة على هذا الطريق وكأنها تحلق حبًا وهيامًا، كأني على بساط ريح، تحملني رياحه في كل اتجاهاتك، فلا نجاة لي إلا بالوصول إليك.

كن مستعدًا؛ لتتحمل خطواتي عليك المثقلة بالأحاسيس والمشاعر، كل خطواتي تنبت وراءها أزهار ياسمين، فواحة العطر، فتكشف عن مكاني.

سيدي الحبيب:

ما زلت أنا تلك العاشقة ولو طال الزمان، وما زلت أنت المراد ولو طال الطريق، وازدادت قسوتك، سأصل إليك مهما امتدت المسافات، لا بد لنا أن نلتقي.

# لوم

سيدي:

إليك أخطُ أخر أحرفي؛ لم أعد قادرة على مراسلتك، أعلن في هذه الرسالة استسلامي الكامل لعينيك الجميلتين اللتين لا سوء فيهما غير أنهما تغرقاني، ولا أجيد العوم.

لم يزدني لقاؤك إلا شوقًا، والنجمات شواهد.

يا نور عمري السرمدي:

أُناجيك وكلي يملأه عشقك حتى كاد يفيض، يا وضّاء المحيا؛ غير أنك مشرقٌ كالشمس تنير ظلمتي، لست فقط جميلًا غير أنك كالملاك، حاشاك إثمٌ؛ عدا أن الكل يقع أسير عينيك.

لا شيء مزعجٌ فيك غير أن روعتك ملفتةٌ للأنظار؛ وأنا إمرأةٌ تغار.

لم أجد ما ألومك عليه؛ إلا أنك شخصٌ يُغار عليه، ماذا أفعل حتى لا تنظر إليك فتاةٌ غيري؟

ماذا أفعل حتى أكون أنا الوحيدة في فؤادك؟

كنت أعشق الليل، والآن في عدم وجودك لا أتمناه؛ فهو قاتل، ليس عليه تهمةٌ إلا أنني أفتقد فيه أحضانك، تضمني فلا يمسُ وجداني سوءٌ، فقط ما تمنحني من أمانٍ وسلام.

لو لم تلثمني؛ لما عرفتُ طعم الخمر، لولاك لكنتُ جثةً لقيت حتفها على يدِ الظمأ.

لا يحرمني لذة مراسلتك سوى أني أهيم شوقًا.

ولولا طيفك أنيس وحدتي؛ لكنت وصلت حدًا في الجنون علاجه محال.

أنت حنونٌ؛ لكنك مدهش فوق حدود الدهشة، غرامك يشتتني كالنجوم، لكنه كالنار يشعل حواسي.

أدركتُ وأنا أرسم هذه الحروف أني لا أقوى على وداعك، أنت رجلٌ نادرٌ؛ حاشا لم تلد النساء مثلك.

ما زال فؤادي يحاول غفران ما فعلته، لا ألومك على سهري شوقًا؛ مثلك يُشتاق له.

تملك عيونًا جميلة؛ إلا أنها سهامٌ تغرس في روحي؛ فترديها قتيلة .

أنا أكرهك؛ أزداد عشقًا كل يومٍ وأنت بعيد.

أنا أكرهك؛ ما من رجلٍ غيرك اجتاحني وَدَكّ حصوني.

وأكرهك جدًا، فلن أعشق غيرك مدى الدهر.

# الفهرس